Analyse de l'œuvre

Par Élodie Veysseyre

Divergente

De Veronica Roth

lePetitLittéraire.fr

Analyse de l'œuvre

Par Élodie Veysseyre

Divergente

De Veronica Roth

lePetitLittéraire.fr

Rendez-vous sur lepetitlitteraire.fr et découvrez :

Plus de 1200 analyses
Claires et synthétiques
Téléchargeables en 30 secondes
À imprimer chez soi

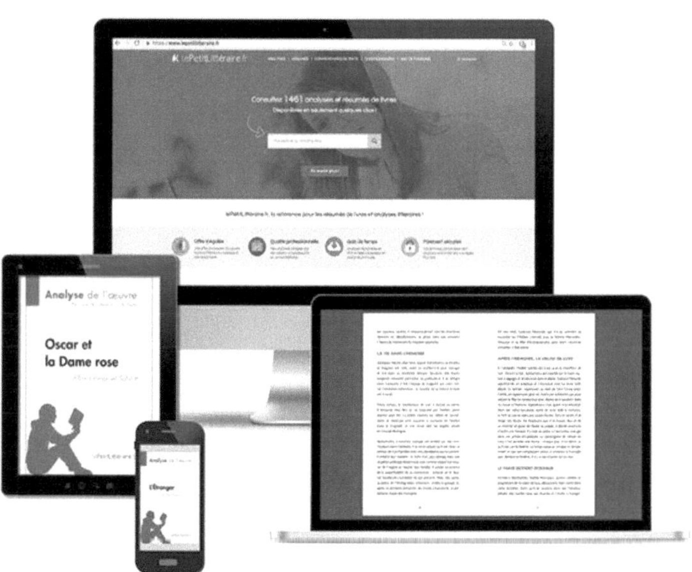

VERONICA ROTH

ÉCRIVAIN AMÉRICAINE

- **Née en 1988 à New York (États-Unis)**
- **Quelques-unes de ses œuvres :**
  - Trilogie *Divergente* (2011, 2012 et 2014), romans
  - Duologie *Carve the Mark* (2017, 2018), romans

Veronica Roth est diplômée en écriture créative et a d'ailleurs écrit son premier roman, *Divergente*, alors qu'elle étudiait à l'Université de Northwestern. Elle est aujourd'hui romancière et vit dans les environs de Chicago (États-Unis).

Ses romans sont destinés aux adolescents et aux jeunes adultes. Ils partagent un point commun : ils mettent en scène des adolescents évoluant dans un monde post-apocalyptique, à mi-chemin entre science-fiction et dystopie. Ses œuvres s'inscrivent dans la lignée des séries *Hunger Games* de Suzanne Collins ou *Le Labyrinthe* de James Dashner, eux-mêmes dignes héritiers de romans plus anciens, mais emblématiques, tels que *1984* de Georges Orwell, ou *Le Meilleur des mondes*, d'Aldous Huxley.

Son roman *Divergente* a été publié en 2011, alors qu'elle n'avait que 22 ans. Il a depuis été sélectionné par le *New York Times* pour rejoindre sa prestigieuse liste de best-sellers et a reçu plusieurs distinctions, telles que le prix du Meilleur livre et du Meilleur fantastique Jeune Adulte et Science-fiction à l'occasion des Goodreads 2011 Choice Awards.

DIVERGENTE

L'UTOPIE D'UNE ÉGALITÉ SOCIALE IMPOSSIBLE

- **Genre :** roman d'anticipation *young adult*
- **Édition de référence** : *Divergente*, traduit de l'anglais américain par Anne Delcourt, Nathan, 2015, 434 p.
- **1re édition :** 2011
- **Thématiques :** anticipation, aventure, dystopie, amour, amitié, révolution

Divergente est un roman américain d'anticipation publié en 2011. Le récit se déroule à Chicago dans un décor post-apocalyptique, plusieurs centaines d'années dans le futur. Le monde est divisé en « factions » dans le cadre d'une structure sociale qui se veut équitable et juste. Comme sa famille, Beatrice Priori appartient à la faction des Altruistes, qui valorise la générosité et le don de soi. À tout juste 16 ans, son univers bascule lorsqu'elle est diagnostiquée « divergente » : une caractéristique très rare qui menace la société en place. Ce « don » va vite devenir une malédiction, dans un contexte social orageux où la révolution guette.

Le roman présente tous les traits caractéristiques d'un roman d'anticipation, ou dystopie : le récit se déroule dans un futur proche, souvent très réaliste, mais aussi très pessimiste. Dans ces œuvres, les êtres humains tentent de créer une société idéale, parfaitement égalitaire et paisible : une utopie. Malheureusement, les vices de l'humanité reprennent le dessus et mettent à mal cet idéal. La société parfaite devient alors un carcan, une situation cauchemardesque de laquelle les héros tentent de s'échapper.

RÉSUMÉ

UN DANGEREUX SECRET

Beatrice Prior vit dans un monde post-apocalyptique, qui a dû correspondre à la Terre autrefois. Dans cette société, chaque individu est placé à l'adolescence dans une « faction », déterminée selon son comportement et sa personnalité lors d'un test d'aptitude. Il en existe cinq :

- Les Sincères, qui se fondent sur l'honnêteté et la franchise ;
- Les Altruistes, qui rassemblent les individus à la personnalité généreuse et dédiés au don de soi ;
- Les Érudits, curieux et avides de connaissance ;
- Les Audacieux, courageux et en quête d'action et d'aventure ;
- Les Fraternels, qui fondent leurs valeurs sur l'amitié et la solidarité entre les individus.

Beatrice appartient à la faction des Altruistes, comme ses parents. Âgée de 16 ans, elle se prépare pour le test d'aptitude, qui va déterminer la faction à laquelle elle va appartenir pour le reste de sa vie.

Le test consiste en une simulation, un « rêve », contrôlé par un examinateur. Il s'agit de soumettre les individus à plusieurs situations difficiles, à des choix personnels, les poussant à réagir selon leurs traits de caractère et leur personnalité. Chacune de ces situations cache en fait un test d'affinité avec l'une ou l'autre faction. Or, les résultats du test de Beatrice sont très inhabituels et même qualifiés de « troublants » par l'examinatrice (p. 24).

En effet, la jeune fille est « divergente ». Elle présente une personnalité originale, qui ne se rapproche pas d'une seule faction, mais bien de trois différentes ! C'est un cas tout à fait exceptionnel. Dans cette société futuriste, cela signifie que l'on ne rentre pas « dans le moule » prévu par les dirigeants. Le mot fait peur : l'examinatrice intime à Beatrice l'ordre de ne jamais faire part de cette découverte à quiconque. Elle lui recommande de faire un choix parmi les trois factions possibles et de faire profil bas. Beatrice choisit la faction des Audacieux, qu'elle pense la plus adaptée à sa personnalité. Son frère, Caleb, rejoint la faction des Sincères.

UNE INITIATION MOUVEMENTÉE

Lors de la Cérémonie du Choix, Beatrice choisit donc de rejoindre la faction des Audacieux. Ce faisant, elle tourne le dos à sa famille et ses amis.

L'accueil dans la nouvelle faction n'est pas pour autant chaleureux : il plonge directement les novices dans l'atmosphère violente et brutale des Audacieux. Beatrice et ses nouveaux camarades sont invités à prendre un train en marche, une coutume de la faction qui leur permet de voyager, puis de sauter dans le vide pour rejoindre leur quartier général. Faisant preuve d'un courage qui l'étonne et l'effraie, Beatrice est la première à se lancer. Elle réussit haut la main l'épreuve du vide, impressionnant tous ses congénères.

La jeune fille décide de se fondre dans le décor de sa nouvelle faction. Elle en profite pour changer de prénom et devenir « Tris ». Elle abandonne ses vêtements gris et sobres pour des tenues plus pratiques et plus conformes à son environnement. Maquillée et tatouée, elle peut désormais se lancer complètement dans les épreuves d'initlation qui l'attendent.

Tris fait la connaissance de ses nouveaux camarades, notamment Christina, qui vient elle aussi d'une autre faction, les Sincères. Elle rencontre également Quatre, un instructeur, et Éric, un de leur supérieurs. Le second est aussi antipathique que le premier est encourageant.

Les risques de l'initiation sont déjà très élevés, sans qu'il soit nécessaire qu'Éric vienne les empirer. Les épreuves se succèdent, de plus en plus violentes : lancer de couteau, combat à main nue, tir au pistolet, parties de paintball, etc. En cas d'échec, Éric suspend les novices dans le vide ou ordonne qu'ils servent de cible au lancer de couteau. Une erreur et c'est la mort assurée, voire pire : l'exclusion. Dans ce dernier cas, le novice peut se retrouver « sans faction », mis au ban de la société, sans avoir le droit de rejoindre sa famille.

Dans ces conditions, la tension monte. Les novices se querellent avant les sélections. Certains se font agresser et sont contraints à l'abandon. Beatrice et ses amis réalisent que toute cette violence n'est pas conforme aux idéaux originaux des Audacieux, qui privilégient le courage et l'abnégation dans le but de faire le bien. Durant ces initiations, les épreuves font ressortir le pire de la personnalité des novices : jalousie, compétition, trahison, etc. D'une façon générale, Beatrice note que les factions semblent toutes se déliter avec le temps. Elles ont oublié leurs « bonnes intentions, leurs bons idéaux, leurs bons objectifs » (p. 187).

Le système a subi une « perversion » (p. 187), comme on peut le constater également chez les Érudits, qui « autrefois, cultivaient l'intelligence et la connaissance pour les mettre au service du bien, alors qu'aujourd'hui, leur objectif est d'en tirer du pouvoir » (p. 187). Quatre reconnaîtra lui aussi plus tard que chez les Audacieux, « cela n'a pas toujours été comme ça », « les méthodes ont été modifiées, pour les rendre plus compétitives, plus brutales » (p. 215).

Malgré tout, Beatrice s'intègre bien dans sa nouvelle faction, dans laquelle elle se reconnaît de plus en plus. Elle partage notamment le goût de ses camarades pour les sensations fortes, qu'elle découvre pendant son temps libre.

Les épreuves s'enchaînent et prennent la forme de simulations, durant lesquelles les novices doivent surmonter leurs peurs les plus terribles. Un sérum est injecté au candidat, pour susciter chez lui une sorte de rêve, dans lequel sont représentées ses angoisses. Beatrice réussit à garder son calme, en réalisant que ce rêve n'est qu'une illusion. Le but de la simulation est justement de réussir à contrôler ses peurs, sans forcément les surmonter. En constatant la facilité avec laquelle la jeune fille réussit l'épreuve, Quatre, son instructeur, comprend rapidement qu'elle est une divergente. Peut-être cache-t-il lui aussi son propre secret…

LA RÉVOLTE GRONDE

Pendant ce temps, la tension monte également dans le monde extérieur. Le jour des visites des parents, la mère de Beatrice lui apprend que son frère n'a pas pu la rejoindre, en raison de fortes tensions régnant entre les factions, notamment celles des Altruistes et des Érudits. Dans ce contexte, elle recommande à sa fille de ne surtout pas révéler son secret.

Les nouvelles venant de l'extérieur sont principalement relayées par la faction des Érudits, qui fournit les informations et la presse à la société tout entière. Le point de vue est curieusement très orienté contre les Altruistes, la faction qui occupe majoritairement les postes à responsabilités dans la société. Ils sont accusés d'avoir des « idéaux corrompus » (p. 218), de détourner les biens publics et d'en priver de fait les autres factions. Les Érudits appellent à « renverser le gouvernement » (p.219) dans le cadre « d'appels à la révolution » (p. 235).

Beatrice découvre également que les divergents sont aussi pris pour cible, lorsqu'elle surprend une conversation entre Éric et une inconnue. Cette dernière enjoint son interlocuteur à traquer et éliminer les divergents, qui représenteraient un danger pour la société.

Elle est amenée à rencontrer la faction des Érudits par la suite, sa mère lui ayant demandé de rendre visite à son frère, pour lui soumettre une requête particulière. Il doit enquêter sur un curieux sérum développé par sa faction. Caleb confirme alors à Beatrice l'existence de tensions politiques très fortes entre les factions. Jeanine, la chef des Érudits, attise la haine envers les Altruistes partout où elle passe.

Elle convoque Beatrice pour lui demander de s'expliquer sur son test d'aptitude, dont les résultats n'ont curieusement pas été enregistrés par l'examinatrice, ainsi que sur ses épreuves d'initiation chez les Audacieux... Beatrice réalise alors que les Érudits ont la main mise sur toutes les informations circulant dans la ville, et ce dans un seul but : retrouver les divergents, que Jeanine qualifie de « défaillance dans le système » (p.319), et les éliminer. La jeune fille réussit à se tirer de ce mauvais pas en assurant son interlocutrice qu'elle la soutient en tout point dans ses positions, y compris en ce qui concerne ses opinions anti-Altruistes.

Mais les ingérences des Érudits ne s'arrêtent pas là. À son retour, Beatrice se voit confier par Quatre un secret : les Érudits envoient régulièrement des ordres aux Audacieux, dans le but de les préparer à une révolte prochaine.

La relation entre Beatrice et Quatre s'intensifie. Ils entament une relation amoureuse secrète. Quatre apprend finalement à son amie qu'il faisait partie autrefois de la faction des Altruistes, comme elle. Il a pourtant dû la quitter suite aux maltraitances subies de la main de son propre père, Marcus.

Les initiations touchent à leur fin : c'est l'heure de la simulation finale, durant laquelle les novices doivent affronter une à une toutes leurs peurs. Pour réussir, ils doivent se contrôler et ne pas céder à l'angoisse. Beatrice parvient à surmonter ses propres angoisses : oiseaux agressifs, crainte de perdre le contrôle, incendie, etc. Elle peut enfin rejoindre définitivement la faction des Audacieux, après une dernière formalité : l'injection d'un curieux sérum mis au point par les Érudits, prodiguée à tous les Audacieux après leur test.

LE PLAN MACHIAVÉLIQUE DES ÉRUDITS

Les injections contiennent en réalité des neurotransmetteurs, qui s'activent tous simultanément, transformant toute la faction des Audacieux en une armée de pantins « somnambules » (p. 371) à la botte des Érudits.

Seule Beatrice reste consciente et maîtresse de ses mouvements, car l'injection semble ne pas avoir d'effet sur les divergents. Elle réalise qu'elle n'est pas seule : Quatre est lui aussi conscient, révélant ainsi sa personnalité divergente au grand jour.

L'armée des Audacieux, contrôlée par les Érudits, est envoyée chez les Altruistes afin d'y mener une expédition punitive. Ils ont pour mission de massacrer les habitants de la faction. Quatre et Beatrice sont contraints de révéler leur véritable identité à Éric, qui tentait de profiter de la cohue pour les exécuter et satisfaire sa vengeance personnelle. Ils sont alors menés à Jeanine, véritable responsable de cette révolte. Elle affiche clairement ses ambitions : contrôler les Audacieux, puis les Sincères, dominer les autres et mener le monde grâce une seule faction, la sienne.

Jeanine tente d'administrer une nouvelle injection à Quatre, dont la formule a été modifiée pour prendre en compte les divergents. Il devient alors lui aussi un pantin à ses ordres.

Beatrice est condamnée à être exécutée sommairement, mais elle en réchappe avec l'aide de sa mère. Celle-ci meurt peu de temps après sous les balles des Audacieux, tandis que Beatrice se voit contrainte d'abattre un de ses anciens camarades, Will, devenu incontrôlable suite à l'injection du sérum. Elle retrouve alors son père et son frère, qui se cachent avec Marcus, le père de Quatre, et leur expose son plan. Ils se rendent alors dans la salle où est installé l'ordinateur central qui contrôle les neurotransmetteurs injectés, pour le détruire.

Dans la salle de contrôle, ils tombent nez à nez avec Quatre, toujours sous l'emprise du sérum de Jeanine. Beatrice réussit à le réveiller à temps. Les rebelles détruisent alors l'ordinateur et emportent ses données.

À la fin du récit, les factions Altruistes et Audacieuses sont complètement détruites. Le dénouement annonce la suite du roman, *Divergente 2*, qui dévoilera ce qu'il est advenu de Jeanine et des autres factions.

ÉTUDE DES PERSONNAGES

BEATRICE PRIOR (TRIS)

Beatrice Prior est la narratrice du récit et le personnage principal.

Âgée de 16 ans, elle est née dans une famille « Altruiste », dont la faction interdit toute vanité et toute forme d'égoïsme en privilégiant le don de soi. Elle en a adopté depuis son plus jeune âge tous les codes vestimentaires et sociaux :

- Les Altruistes font en sorte de porter les vêtements les plus humbles et discrets possible et cultivent une apparence sobre : « vêtements gris, coupes de cheveux banales et attitude réservée » (p. 12),
- Ils rejettent tout comportement vaniteux, jusqu'à s'interdire de se regarder dans les miroirs : « les règles de notre faction m'autorisent à me regarder (dans le miroir le deuxième jour de chaque trimestre », « les autres factions

fêtent les anniversaires, mais pas nous, ce serait du narcissisme » (p. 7).

Néanmoins, il apparait qu'elle n'est pas à l'aise dans cette faction, car sa personnalité entre souvent en conflit avec les normes altruistes. Elle se fait d'ailleurs souvent elle-même des réflexions à ce sujet : « ma curiosité est une erreur, une trahison des valeurs de ma faction » (p. 17).

Au début du roman, elle saisit donc l'opportunité qui lui est offerte de changer de faction lors du test d'aptitudes au début du roman. À cette occasion, elle est diagnostiquée « divergente », car sa personnalité ne présente aucun trait dominant, mais se rapproche de trois factions différentes : Altruiste, Audacieux et Érudit.

Cette qualité très rare et même réprimée, traduit un esprit trop libre et incontrôlable aux yeux de la société et du pouvoir en place. Il est donc recommandé à Beatrice de dissimuler ce secret afin de ne pas risquer de sanctions.

Beatrice choisit de rejoindre les Audacieux, avec qui elle pense partager le plus de traits de caractère. Elle subit lors de cette transition d'importants changements physiques et psychologiques :

- Au début du récit, Beatrice est décrite comme une jeune fille frêle, timide et réservée, élevée comme telle par sa faction. À son arrivée chez les Audacieux, la transformation est radicale : elle se muscle considérablement, se maquille et tatoue plusieurs signes symboliques sur son corps. Elle adopte également des vêtements de circonstance, noirs et confortables.
- Beatrice prend de plus en plus confiance en elle au fil du récit. Elle devient plus extravertie, quitte à verser parfois dans la provocation. Elle réclame vengeance et n'hésite pas à lever la main sur ses camarades pour rétablir la justice : « j'aimerais pouvoir dire que je me sens coupable de ce que j'ai fait. Mais ce n'est pas vrai » (p. 159), conclut-elle après avoir réglé son compte à une camarade qui l'avait provoquée.

De façon générale, Beatrice devient plus mature et plus pragmatique au fil du récit.

> « Je me vois en train de balancer un coup de coude dans une aine ou un estomac. Si seulement j'avais un pistolet ! » (p. 317).

Ce passage est à mettre en relation avec celui où elle exprime son avis sur les armes à feu, dont elle fait part un peu plus tôt :

> « je n'aurais jamais imaginé tenir un jour un pistolet, encore moins m'en servir – j'ai l'impression que rien qu'en le touchant, je pourrais blesser quelqu'un » (p. 75).

Ses habitudes Altruistes ne sont néanmoins jamais bien loin. Beatrice vit souvent un véritable questionnement intérieur, traduisant l'impossibilité pour elle de se ranger définitivement dans l'une ou l'autre faction :

> « Je suis censée la laisser parler en premier. Je ne dois pas maintenir la conversation centrée sur moi trop longtemps. Je dois m'assurer qu'elle n'a besoin de rien. » (p. 163)

Beatrice a un frère âgé de 10 mois de plus qu'elle, Caleb, qui choisit lui aussi de changer de faction pour rejoindre celle des Érudits. Son père est certainement responsable politique dans sa faction, même si son rôle n'est pas développé. Sa mère est une ancienne Audacieuse, qui a choisi de rejoindre la faction des Altruistes. Très courageuse, elle choisit de se sacrifier pour sauver la vie de sa fille lors de la révolte des Érudits.

QUATRE ET LES AUDACIEUX

Quatre

Quatre est l'instructeur en charge de l'initiation de Beatrice et ses camarades. Il fait partie de la faction des Audacieux, mais cela n'a pas toujours été le cas. Né Altruiste, il a choisi de rejoindre les Audacieux après avoir eu le même choix que Beatrice lors de son test d'aptitudes.

Il est le fils de Marcus, un responsable politique majeur chez les Altruistes. Ses relations avec son père sont très mauvaises, suite aux mauvais traitements que ce dernier lui a fait subir étant petit.

Son véritable nom est Tobias. Le surnom de « Quatre » lui a cependant été attribué après l'épreuve du « paysage des peurs » chez les Audacieux. En effet, il est le premier à n'avoir dû affronter que quatre peurs au cours de cette épreuve, alors que la moyenne se situe plutôt autour de 10.

Divergent lui aussi, il présente de nombreux points communs avec Beatrice, qui le rapprochent toujours plus d'elle. Les deux personnages finissent par nouer une relation sentimentale durant les épreuves d'initiation.

Christina

Christina est l'amie de Beatrice tout au long du roman. Née Sincère, elle rejoint les Audacieux après son test d'aptitudes.

D'une franchise parfois déstabilisante, Christina a aussi gardé de nombreux traits de caractère de son ancienne faction. Elle noue une relation sentimentale avec un de ses camarades, Will.

Ce dernier est tué par Beatrice lors de la révolte des Érudits, alors qu'il la menaçait sous l'emprise du sérum de Jeanine.

Éric

Éric est un leader de la faction des Audacieux. Manipulateur et sournois, il profite de son pouvoir pour mener la vie dure aux novices. Il n'hésite pas à les mettre en danger pour s'amuser, ou à les punir avec brutalité.

Né Érudit, il participe au complot final et assiste Jeanine lors de la révolte.

JEANINE, L'ANTAGONISTE

Jeanine est l'antagoniste principal du roman. Chef de la faction des Érudits, elle fait preuve d'une soif de pouvoir et de contrôle insatiable, qui la pousse à commettre des actes terribles.

Elle chasse et élimine inlassablement les divergents dans sa faction, mais aussi dans les autres, avec la complicité d'Éric chez les Audacieux par exemple. Elle considère que les divergents sont des « défaillances du système », et qu'ils doivent être éliminés pour garantir le bon fonctionnement de la société.

Froide et insensible, elle lutte pour renverser les responsables politiques Altruistes en place et décrédibiliser leur faction. Elle organise et conduit la révolte finale, en s'appuyant sur l'aide des Audacieux, qu'elle a placés sous son emprise grâce à un sérum de simulation les transformant en pantins.

CLÉS DE LECTURE

L'UTOPIE DE L'ÉQUILIBRE SOCIAL

Le récit se déroule dans un monde d'avant-garde, plusieurs années après notre ère. Afin d'assurer la paix sociale et l'équilibre de la société, plusieurs « factions » ont été mises en place. Chacune rassemble des individus présentant des caractéristiques similaires.

Chaque individu est placé dans la faction à laquelle appartiennent ses parents. Ce n'est qu'à ses 16 ans qu'il pourra être placé dans la faction qui lui correspond le mieux, suite à un test d'aptitude. Ce test permet justement de réadapter l'équilibre à chaque génération, lorsqu'un individu ne trouve pas sa place dans la faction de sa famille.

Une fois la faction déterminée, l'individu doit suivre à la lettre ses normes et ses coutumes, même si elles ne lui conviennent pas toujours totalement : « contente-toi de faire ce que tu es censée faire » (p. 15).

Ces normes régissent le comportement des individus au quotidien, dans leurs moindres faits et gestes : « Je ne fumerai jamais, le tabac est directement lié à la vanité. » (p. 42)

Et pourtant, ces normes ne correspondent pas complètement aux personnalités auxquelles elles sont censées se conformer :

> « Je ne pense pas que tous les Érudits aient envie d'étudier sans arrêt ou que les Sincères aiment les débats passionnés, mais ils sont aussi contraints que moi par les normes imposées par leurs factions. » (p 15)

Le fondement de cette structure sociale est à rechercher dans le passé.

- Il s'agit d'abord de lutter contre un défaut humain : selon les « anciens », les guerres étaient causées par « une faille dans la personnalité de l'homme » (p. 44). Cette faille devait donc être compensée par les factions, chacune ayant pour rôle d'éradiquer le trait de caractère qu'elle pensait le plus mauvais.
- Il s'agit ensuite de concevoir un ordre social durable, soigneusement organisé, y compris au niveau professionnel : chaque faction est

supposée fournir des contingents pour des professions spécifiques. Ainsi, les Érudits forment des enseignants et des journalistes, les Sincères forment des juristes, les Altruistes des responsables politiques et les Audacieux des forces de maintien de l'ordre.

La division sociale présentée dans le roman est très intéressante, car elle se fonde sur une utopie : la paix sociale pourrait reposer sur le fait de séparer les individus selon leurs qualités, pour éradiquer les défauts de toute la société. Or, cette théorie n'est qu'une utopie et les personnages n'en sont pas dupes.

> « La philosophie de nos anciens, qui nous dit que chacun a le droit de choisir sa propre voie dans ce monde. Ou plutôt l'une des cinq voies préétablies. » (p. 44)

Le choix qui leur est soumis à 16 ans n'en est pas vraiment un : ils n'ont pas une totale liberté dans la mesure où cinq voies définies leur sont imposées. Il est impossible d'en choisir plusieurs, sous peine d'être poursuivi pour « divergence ». Il est tout aussi impossible de ne pas faire de choix : c'est prendre le risque de devenir « sans faction », et de « vivre dans la pauvreté, occupant des boulots dont personne ne veut » (p. 29). On constate dès lors qu'il existe une 6e faction exclue, dont on ne parle pas, mais qui participe à la vie sociale. Il s'agit d'une caste d'intouchables, mise au ban de la société : c'est une nouvelle preuve que l'équilibre social souhaité n'est pas atteint.

En réalité, la situation est bien pire : la paix apparente n'est qu'une façade. L'équilibre social justifie désormais des actes terribles contre les « divergents » : le frère d'un des personnages a ainsi été victime d'un meurtre, maquillé en suicide, à cause de son statut de « divergent » (p. 231)

La divergence n'est en fait qu'un symbole pour désigner des individus qui ne rentrent pas dans les cases où l'on souhaite les placer. Ils sont les rebelles d'aujourd'hui, qui présentent une vision différente des autres, et menacent le pouvoir politique en place.

> « Nos esprits à nous s'agitent dans tous les sens, ils ne peuvent pas se restreindre à une seule manière de pensée et c'est ça qui terrifie nos

> leaders. Ça veut dire qu'ils ne peuvent pas nous contrôler. » (p. 393)

Et si finalement, le système de factions ne faisait que renforcer les inégalités sociales et les défauts humains ?

> « On ne se débarrasse d'un défaut que pour le remplacer par le défaut inverse. » (p. 361)

La clé d'une paix sociale se cache peut-être dans les propos de Quatre :

> « je crois qu'on a commis une erreur, on s'est tous mis à dénigrer les valeurs des autres factions sous prétexte de mettre les nôtres en avant. Je n'ai pas envie de faire ça. Ce que je veux, c'est être courageux, et altruiste, et intelligent, et gentil et sincère. » (p. 360)

La morale de l'histoire reste néanmoins très pessimiste : le système de faction ne fonctionne pas et un pouvoir antagoniste a pu s'en servir pour nuire à la paix sociale. Peut-être la paix civile n'est elle qu'une utopie : « L'humanité est faite de telle façon que tôt ou tard, les mauvais instincts reviennent toujours nous empoisonner » (p. 392.)

Ce pessimisme ambiant et ces théories sociales sont l'apanage d'un genre littéraire très spécifique : le roman d'anticipation, aussi appelé dystopie.

UN ROMAN D'ANTICIPATION, ANCRÉ DANS LA GRANDE TRADITION DE LA DYSTOPIE

Divergente présente toutes les caractéristiques d'un roman d'anticipation :

- Proche de la science-fiction, il met en scène un futur plus ou moins proche : « les lignes jaunes d'autrefois », « maintenant qu'il n'y a plus de voitures » (p. 29), « un marais qui était autrefois un lac, il y a très longtemps » (p.28) ;

LE SAVIEZ-VOUS ?

Il ne faut pas confondre science-fiction et anticipation : les deux genres sont récents, car tous deux nés au XIXe siècle. Ils se distinguent cependant légèrement : l'anticipation met en scène un récit dans le futur, avec des technologies actuelles ou légèrement futuristes, mais toujours réalistes. La science-fiction quant à elle mêle davantage d'éléments fantastiques et mobilise une technologie tout à fait inexistante de nos jours, dans un cadre temporel différent (ou inconnu).

- Le cadre dans lequel l'action se déroule est très réaliste et fait état de détails issus de notre époque actuelle. L'héroïne vit ainsi dans une ville qui était probablement celle de Chicago et fait souvent référence à des éléments topographiques actuels : « ce qui était autrefois un parc, le Millenium Park, que l'on appelle maintenant simplement le "Millenium" » (p. 313). Ces détails permettent de relier ce monde futuriste, aux caractéristiques cauchemardesques, à la réalité actuelle. S'ils ont peu d'influence sur un lecteur français ou européen, il faut imaginer l'effet saisissant qu'ils peuvent avoir sur un lecteur américain vivant à Chicago. Imaginer les bâtiments détruits ou servant d'autres finalités du quotidien doit renforcer l'effet peu rassurant produit par le roman. Ce réalisme volontaire mettant tout en œuvre pour rapprocher le récit d'un cadre réel est l'apanage du roman d'anticipation.

- Les romans d'anticipation, surtout les plus récents, tendent à mettre en scène une violence banalisée et très présente au quotidien. Dans le récit, les personnages évoquent régulièrement des décès au cours de l'initiation, qui ne les affectent pas pour autant : « il y a toujours au moins un transfert qui n'arrive pas jusqu'à l'enceinte » (p. 69).

Le roman d'anticipation est un genre ancien, notamment développé par Jules Verne au XIXe siècle. Il mettait alors en scène une utopie, un rêve humain, comme les voyages dans l'espace.

Depuis le milieu du XXème siècle, le roman d'anticipation a pris de l'ampleur se fondant sur une dystopie, l'inverse de l'utopie : le récit se déroule dans le futur et présente notre société telle qu'elle pourrait être si l'on continuait à agir comme on le fait aujourd'hui. La dystopie est un genre très pessimiste, très sombre, présentant une société souvent inégalitaire, contrôlée par un pouvoir totalitaire inique et brutal.

Les romans phares de ce genre littéraire sont *1984* de George Orwell (écrivain britannique, 1903-1650) et *Le Meilleur des mondes* d'Aldous Huxley (écrivain britannique, 1894-1963).

1984, George Orwell

Le récit, paru en 1949, se déroule en Grande-Bretagne en 1984. L'auteur imagine à quoi pourrait ressembler le futur. Un régime totalitaire a été instauré. Il reprend à de nombreux égards des traits caractéristiques du nazisme et du stalinisme. Les individus sont surveillés dans toutes les facettes de leur vie quotidienne, par une entité politique mystérieuse : « Big Brother », et la liberté d'expression n'est plus qu'un lointain souvenir.

1984 présente une société inhumaine, violente et effrayante, dans le cadre d'une dystopie cauchemardesque. George Orwell brosse un portrait terrible de la société du futur et indirectement celle qui lui est contemporaine, dans les années 40. Il utilise son récit pour critiquer les conséquences que pourraient avoir les dérives de son époque sur les sociétés futures. Montée des extrémismes, méthodes totalitaires servant un régime despotique et contrôle de la liberté d'expression : autant d'éléments qu'Orwell a connus à son époque, en URSS, aux États-Unis et pendant la Seconde

Guerre mondiale... et qu'il caricature à l'extrême dans son roman.

Le meilleur des mondes, Aldous Huxley

Paru en 1932, le roman se déroule lui aussi en Grande-Bretagne, dans un futur proche de l'auteur. Aldous Huxley y met en scène un monde cauchemardesque, dans lequel les êtres humains ne sont plus nés d'un homme et d'une femme, mais créés de manière artificielle. Pire : ils sont classés en 5 catégories, déterminant le rôle qu'ils doivent jouer dans la société. Le contexte politique, un régime totalitaire qui condamne toute forme de culture et d'histoire, maintient les individus dans leur état de servitude.

Dépassant la critique du monde politique qui sous-tendait le roman d'Orwell, Aldous Huxley vient ici apporter une critique de la technologie et de ses dérives. Paru dans les années 1930, le roman reste curieusement d'actualité, même pour un lecteur du XXIe siècle !

Pour Orwell et Huxley, critiquer le futur, c'est aussi critiquer l'actualité et les faits politiques qu'ils vivent à leur époque. Les romans d'anticipation doivent faire l'objet d'une double lecture : l'opinion des personnages sur leur propre société, mais aussi l'opinion des auteurs sur la leur !

Aujourd'hui, le genre se développe considérablement, avec des romans davantage destinés à la jeunesse et aux jeunes adolescents. On peut citer parmi eux la série *Hunger Games* très proche du roman *Divergente*.

Ils reprennent régulièrement les thèmes utilisés par Georges Orwell et Aldous Huxley, tels que le totalitarisme, l'utopie sociale pervertie par la soif de pouvoir, la manipulation de l'information, etc. Néanmoins, l'objectif sous-jacent n'est pas de critiquer la société actuelle et ses dérives. Pour des romans comme *Divergente*, le but est davantage de distraire le lecteur, de le faire frémir lorsqu'il découvre le monde qu'il connait ravagé dans le futur, voire de le faire réfléchir sur certaines incohérence sociales.

LA PLACE DES MÉDIAS DANS LE GENRE DU ROMAN

La place de l'information et des médias est un thème récurrent dans les romans d'anticipation dystopiques. Cela a bien sûr à voir avec le contexte politique mis en scène : il s'agit souvent de régimes politiques totalitaires, où le contrôle de l'information constitue une arme politique pour asservir la population. Dans ce type de roman, les médias sont souvent caricaturés et font l'objet d'une grande méfiance, car ils sont manipulés et utilisés par le pouvoir en place. C'est l'une des plus grandes craintes des auteurs de dystopie : la centralisation de l'information, de toutes les informations existantes, y compris les plus intimes, et leur utilisation à des fins politiques.

Divergente ne fait pas exception à ce thème. Ainsi, Jeanine, la principale antagoniste du récit, est issue de la faction des Érudits, celle de la connaissance et de l'information. Un des personnages précisera qu'ils « ont accès à toutes les informations, partout, tout le temps » (p. 315).

Au cours du roman, l'héroïne réalise que le but de

Jeanine n'a jamais été seulement de développer la connaissance du monde et de l'information, mais bien de contrôler toutes les factions par le biais de l'information.

Le portrait de Jeanine découvert par Beatrice lors de son passage chez les Érudits est d'ailleurs la clé du roman : il titre « connaissance est mère de prospérité » (p. 312). En effet, c'est l'information, notamment celle que Jeanine contrôle et celle qu'elle collecte depuis les autres factions qui renforce son pouvoir et l'aide à mener sa révolution finale.

Le roman laisse paraitre une grande méfiance par rapport aux informations diffusées dans un but politique, ici par une seule faction corrompue. C'est peut-être la seule critique du monde actuel que se permet le roman, qui lui permet de s'aligner sur les classiques du genre. Devons-nous nous méfier de l'information telle qu'elle nous est présentée ? Et si l'information fournie par les médias dépendait des courants politiques auxquels ils appartiennent ?

Ce débat est illustré par Beatrice, qui prend instinctivement de la distance avec les informations diffusées par les Érudits, qu'elle accuse de mentir. En parallèle, son frère Caleb ne doute pas une seconde de leur véracité, sans les remettre en cause : « tu ne crois pas que je serais au courant si on essayait de me manipuler ? » (p. 316)

Ces questions se posent à l'heure actuelle, avec la prolifération des « fake news » ou « infox » et leur utilisation par certains responsables politiques pour servir leurs intérêts.

PISTES DE RÉFLEXION

QUELQUES QUESTIONS POUR APPROFONDIR SA RÉFLEXION...

- Qui est le narrateur ? Comment peut-on le qualifier ? Quel effet ce type de narration produit-il sur le lecteur ?
- Les traits caractéristiques des différentes factions apparaissent dans chaque description de leurs membres, ou dans la présentation de la Cérémonie du Choix : détails vestimentaires, matériaux utilisés, etc. Lors de la Cérémonie du Choix sont présentés des matériaux symbolisant les factions. Commentez le choix de ces matériaux pour chacune d'elle.
- Plus tard, l'héroïne découvre les différences entre l'ancienne et nouvelle faction en termes d'alimentation. Commentez à nouveau ces deux types de nourriture. Proposez des repas que l'on pourrait trouver dans les autres factions, en tenant compte de cette logique.
- L'héroïne évoque une tour, au début du roman, « qu'on appelait autrefois la Sears Tower »

(p. 9), puis un parc, le « Millenium Park »
(p. 312). Faites des recherches sur ces deux
constructions. Existent-elles réellement ?
Dans quelle ville ? Que peut-on en déduire sur
le genre auquel appartient le roman ?

- Une autre indication topographique est évo-
quée p. 28 : « un marais, qui était autrefois un
lac, il y a très, très longtemps ». Ce lac existe-
t-il aujourd'hui ? Quel est son nom ? Quel effet
de telles références peuvent-elles produire sur
un lecteur américain, vivant de nos jours dans
la région ?

- Le portrait de Jeanine, responsable des Érudits,
indique la phrase suivante : « Connaissance
est mère de prospérité » (p. 312). Que signifie
cette phrase ? Quel est son écho dans le récit,
notamment par rapport aux évènements politiques qui s'y déroulent ? Ce type de phrase
rappelle un autre roman d'anticipation bien
connu, *1984*, de Georges Orwell. Recherchez
les points communs entre ces deux œuvres.

- Une société divisée en « factions » : cela nous
rappelle celle d'un autre roman du genre,
Le Meilleur des mondes, d'Aldous Huxley.
Recherchez quelle était la structure proposée
par l'auteur dans son roman et comparez-la

avec celle de Veronica Roth.

- Quelles évolutions physiques peut-on noter chez l'héroïne au fur et à mesure du récit ?

Votre avis nous intéresse !
Laissez un commentaire sur le site de votre librairie en ligne
et partagez vos coups de cœur sur les réseaux sociaux !

POUR ALLER PLUS LOIN

ÉDITION DE RÉFÉRENCE

- ROTH V., *Divergente*, traduit de l'anglais américain par Anne Delcourt, Nathan, 2015, 434 p.

ADAPTATIONS

- Le roman *Divergente*, mais aussi deux de ses volets suivants ont fait l'objet d'adaptations cinématographiques :
  - *Divergente*, de Neil Burger (2014), avec Shailene Woodley, Theo James et Kate Winslet.
  - *Divergente 2 : L'insurrection*, de Robert Schwentke (2015), avec Shailene Woodley, Theo James et Kate Winslet.
  - *Divergente 3 : Au-delà du mur*, de Robert Schwentke (2016), avec Shailene Woodley, Theo James et Kate Winslet.

Retrouvez notre offre complète sur lePetitLittéraire.fr

- des fiches de lectures
- des commentaires littéraires
- des questionnaires de lecture
- des résumés

ANOUILH
- Antigone

AUSTEN
- Orgueil et Préjugés

BALZAC
- Eugénie Grandet
- Le Père Goriot
- Illusions perdues

BARJAVEL
- La Nuit des temps

BEAUMARCHAIS
- Le Mariage de Figaro

BECKETT
- En attendant Godot

BRETON
- Nadja

CAMUS
- La Peste
- Les Justes
- L'Étranger

CARRÈRE
- Limonov

CÉLINE
- Voyage au bout de la nuit

CERVANTÈS
- Don Quichotte de la Manche

CHATEAUBRIAND
- Mémoires d'outre-tombe

CHODERLOS DE LACLOS
- Les Liaisons dangereuses

CHRÉTIEN DE TROYES
- Yvain ou le Chevalier au lion

CHRISTIE
- Dix Petits Nègres

CLAUDEL
- La Petite Fille de Monsieur Linh
- Le Rapport de Brodeck

COELHO
- L'Alchimiste

CONAN DOYLE
- Le Chien des Baskerville

DAI SIJIE
- Balzac et la Petite Tailleuse chinoise

DE GAULLE
- Mémoires de guerre III. Le Salut. 1944-1946

DE VIGAN
- No et moi

DICKER
- La Vérité sur l'affaire Harry Quebert

DIDEROT
- Supplément au Voyage de Bougainville

DUMAS
- Les Trois Mousquetaires

ÉNARD
- Parlez-leur de batailles, de rois et d'éléphants

FERRARI
- Le Sermon sur la chute de Rome

FLAUBERT
- Madame Bovary

FRANK
- Journal d'Anne Frank

FRED VARGAS
- Pars vite et reviens tard

GARY
- La Vie devant soi

GAUDÉ
- La Mort du roi Tsongor
- Le Soleil des Scorta

GAUTIER
- La Morte amoureuse
- Le Capitaine Fracasse

GAVALDA
- 35 kilos d'espoir

GIDE
- Les Faux-Monnayeurs

GIONO
- Le Grand Troupeau
- Le Hussard sur le toit

GIRAUDOUX
- La guerre de Troie n'aura pas lieu

GOLDING
- Sa Majesté des Mouches

GRIMBERT
- Un secret

HEMINGWAY
- Le Vieil Homme et la Mer

HESSEL
- Indignez-vous !

HOMÈRE
- L'Odyssée

HUGO
- Le Dernier Jour d'un condamné
- Les Misérables
- Notre-Dame de Paris

HUXLEY
- Le Meilleur des mondes

IONESCO
- Rhinocéros
- La Cantatrice chauve

JARY
- Ubu roi

JENNI
- L'Art français de la guerre

JOFFO
- Un sac de billes

KAFKA
- La Métamorphose

KEROUAC
- Sur la route

KESSEL
- Le Lion

LARSSON
- Millenium 1. Les hommes qui n'aimaient pas les femmes

LE CLÉZIO
- Mondo

LEVI
- Si c'est un homme

LEVY
- Et si c'était vrai…

MAALOUF
- Léon l'Africain

Malraux
- La Condition humaine

Marivaux
- La Double Inconstance
- Le Jeu de l'amour et du hasard

Martinez
- Du domaine des murmures

Maupassant
- Boule de suif
- Le Horla
- Une vie

Mauriac
- Le Nœud de vipères

Mauriac
- Le Sagouin

Mérimée
- Tamango
- Colomba

Merle
- La mort est mon métier

Molière
- Le Misanthrope
- L'Avare
- Le Bourgeois gentilhomme

Montaigne
- Essais

Morpurgo
- Le Roi Arthur

Musset
- Lorenzaccio

Musso
- Que serais-je sans toi ?

Nothomb
- Stupeur et Tremblements

Orwell
- La Ferme des animaux
- 1984

Pagnol
- La Gloire de mon père

Pancol
- Les Yeux jaunes des crocodiles

Pascal
- Pensées

Pennac
- Au bonheur des ogres

Poe
- La Chute de la maison Usher

Proust
- Du côté de chez Swann

Queneau
- Zazie dans le métro

Quignard
- Tous les matins du monde

Rabelais
- Gargantua

Racine
- Andromaque
- Britannicus
- Phèdre

Rousseau
- Confessions

Rostand
- Cyrano de Bergerac

Rowling
- Harry Potter à l'école des sorciers

Saint-Exupéry
- Le Petit Prince
- Vol de nuit

Sartre
- Huis clos
- La Nausée
- Les Mouches

Schlink
- Le Liseur

SCHMITT
- La Part de l'autre
- Oscar et la
  Dame rose

SEPULVEDA
- Le Vieux qui
  lisait des romans
  d'amour

SHAKESPEARE
- Roméo et Juliette

SIMENON
- Le Chien jaune

STEEMAN
- L'Assassin
  habite au 21

STEINBECK
- Des souris et
  des hommes

STENDHAL
- Le Rouge et
  le Noir

STEVENSON
- L'Île au trésor

SÜSKIND
- Le Parfum

TOLSTOÏ
- Anna Karénine

TOURNIER
- Vendredi ou
  la Vie sauvage

TOUSSAINT
- Fuir

UHLMAN
- L'Ami retrouvé

VERNE
- Le Tour
  du monde
  en 80 jours
- Vingt mille
  lieues sous
  les mers
- Voyage au
  centre de
  la terre

VIAN
- L'Écume des jours

VOLTAIRE
- Candide

WELLS
- La Guerre des
  mondes

YOURCENAR
- Mémoires
  d'Hadrien

ZOLA
- Au bonheur
  des dames
- L'Assommoir
- Germinal

ZWEIG
- Le Joueur
  d'échecs

Ce titre a été réalisé avec le soutien de la Fédération Wallonie-Bruxelles, Service général des Lettres et du Livre.